# La migración de la libélula

Grace Hansen

Abdo
LA MIGRACIÓN ANIMAL
Kids

Abdo Kids Jumbo es una subdivisión de Abdo Kids
abdobooks.com

**abdobooks.com**

Published by Abdo Kids, a division of ABDO, P.O. Box 398166, Minneapolis, Minnesota 55439.

Printed in China

052024

092024

Spanish Translator: Maria Puchol

Photo Credits: Alamy, iStock, Shutterstock

Production Contributors: Teddy Borth, Jennie Forsberg, Grace Hansen
Design Contributors: Dorothy Toth, Pakou Moua

Library of Congress Control Number: 2023950276

Publisher's Cataloging-in-Publication Data

Names: Hansen, Grace, author.

Title: La migración de la libélula/ by Grace Hansen

Other title: Dragonfly migration. Spanish

Description: Minneapolis, Minnesota: Abdo Kids, 2025. | Series: La migración animal | Includes online resources and index

Identifiers: ISBN 9798384902027 (lib.bdg.) | ISBN 9798384902584 (ebook)

Subjects: LCSH: Dragonflies--Juvenile literature. | Insects--Behavior--Juvenile literature. | Animal migration--Juvenile literature. | Animal migration--Climatic factors--Juvenile literature. | Spanish language materials--Juvenile literature.

Classification: DDC 595.7052--dc23

# Contenido

## La libélula

Hay libélulas por todo el mundo. Algunas **especies** se desplazan grandes distancias para poner huevos.

# La migración de la libélula verde

Las libélulas verdes de América del Norte **migran** cada primavera y cada otoño. Pueden desplazarse hasta 900 millas (1,448 km). Migran desde Canadá hasta el Golfo de México.

N
S
W
E
Canadá
Estados Unidos
Golfo de México
México

Para **migrar** tan lejos tienen que pasar por varias **generaciones**. A principios de la primavera la libélula verde deja su zona de invierno. Vuela al norte alrededor de 400 millas (644 km).

El grupo aterriza para poner huevos y después mueren. Cuando las crías salen de los huevos, las nuevas libélulas continúan con el viaje hacia el norte.

En septiembre las libélulas vuelan de regreso al sur. También ponen huevos y mueren después. Y así el ciclo continúa.

## La migración de la libélula rayadora naranja

En el otro lado del mundo tiene lugar una **migración** más impresionante todavía. La libélula rayadora naranja hace un viaje de hasta 11,000 millas (18,000 km). Ésta es la migración más larga de cualquier insecto del mundo.

África
India
Maldivas
N
W
E
S

Las rayadoras naranjas de la India siguen la época de lluvias que se desplaza hacia el oeste. Lo hacen porque las libélulas necesitan agua para poner sus huevos.

Muchas de estas libélulas paran en las **Maldivas** para poner huevos. Después continúan hacia el oeste a través del océano Índico entre los meses de julio y diciembre.

Después de un tiempo, las libélulas llegan a África. Los científicos creen que estos insectos son capaces de hacer esto porque aprovechan las corrientes de viento. Utilizan sus grandes alas para **planear** con el viento.

# Ruta migratoria de la libélula

● hogar de verano ● hogar de invierno ←------→ ruta

# Glosario

**especie** – grupo de organismos vivos con similitudes entre sí y capacidad de reproducirse.

**generación** – grupo de seres vivos que tienen aproximadamente la misma edad.

**Maldivas** – país insular al sudoeste de Sri Lanka en el océano Índico. Está compuesto por 2,000 islas. La capital es Malé.

**migrar** – desplazarse de un lugar a otro por el clima, para buscar alimento o por otras razones importantes.

**planear** – volar con facilidad y sin mucho esfuerzo.

# Índice

¡Visita nuestra página **abdokids.com** para tener acceso a juegos, manualidades, videos y mucho más!

*Los recursos de internet están en inglés.*

Usa este código Abdo Kids

**ADK2316**

¡o escanea este código QR!